병들어 가는 지구, 어떻게 살릴까요?

병들어 가는 지구, 어떻게 살릴까요?

초판 제1쇄 발행일 2008년 9월 10일
초판 제3쇄 발행일 2011년 6월 10일
글 수전 메러디스 그림 사라 로호 옮긴이 김명남
발행인 전재국 본부장 이광자
주간 김문정 아동팀장 박진희 편집 윤보영
디자인팀장 남희정 디자인 권영은 저작권 최아정
마케팅실장 정유한 마케팅팀장 호종민
발행처 (주)시공사
주소 137-879 서울시 서초구 서초동 1628-1
전화 영업 2046-2800 편집 2046-2821~4
인터넷 홈페이지 www.sigongjunior.com

Why should I bother about the planet?
Copyright ⓒ 2008 Usborne Publishing Ltd.
Korean translation copyright ⓒ 2008 by Sigongsa Co., Ltd.
Korean edition is published by arrangement with Usborne Publishing Ltd. through Young Agency, Seoul.

이 책의 한국어판 저작권은 Young Agency를 통해 Usborne Publishing Ltd.와 독점 계약한 (주)시공사에 있습니다.
저작권법에 의해 한국 내에서 보호받는 저작물이므로, 무단 전재와 무단 복제를 금합니다.

ISBN 978-89-527-5311-3 73530
ISBN 978-89-527-5583-4 (세트)

시공주니어 홈페이지 회원으로 가입하시면 다양한 혜택이 주어집니다.
잘못 만들어진 책은 구입하신 서점에서 바꾸어 드립니다.

병들어 가는 지구, 어떻게 살릴까요?

수전 메러디스 글 · 사라 로호 그림
김명남 옮김

시공주니어

차례

- 5 무엇이 문제일까요?
- 6 쓰레기장이 된 지구
- 8 왜 에너지 위기가 왔나요?
- 10 뜨거워지는 지구
- 12 친환경 에너지는 무엇인가요?
- 14 에너지 절약법
- 18 대기 오염은 왜 일어나나요?
- 20 공기를 더럽히는 교통수단
- 22 쓰레기가 가득가득
- 24 덜 쓰고, 다시 쓰고, 재활용해요
- 28 수질 오염
- 30 물이 부족해요
- 32 쌓여 가는 화학 물질
- 34 음식도 생각하며 먹어요
- 38 위기에 처한 야생 동식물
- 42 숲이 사라져요
- 44 지구 위의 발자국
- 46 친환경적 생활
- 48 용어 설명
- 50 찾아보기

무엇이 문제일까요?

우리 지구의 나이는 수십억 살이나 돼요. 그렇게 오래 살아온 걸 보면 지구는 제법 튼튼한가 봐요. 그런데 요즘에는 지구에 문제가 있다고 걱정하는 사람들이 많아요. 대체 무슨 문제가 있다는 걸까요?

사람들이 지구에 대해 걱정하는 까닭은 지금 지구에 여러 변화들이 일어나고 있기 때문이에요. 옛날처럼 자연스럽고 느린 변화가 아니라 아주 빠른 변화들이고, 대개 사람들 때문에 일어나는 것이어서 문제예요.

사람들은 지금껏 농사를 짓는 법, 도시를 건설하는 법, 산업을 일구는 법, 비행기를 만드는 법 등을 알아냈어요. 하지만 인간의 이런 행동들이 지구와 지구에 사는 동식물들에게 해를 끼치기도 해요.

잘못된 일을 바로잡는 건 국가의 책임 아니냐고요? 물론 커다란 변화를 일으킬 수 있는 것은 정부겠지만, 우리가 직접 할 수 있는 일도 많답니다. 이 책을 읽으면 여러분은 지구의 문제가 무엇인지, 그리고 문제를 해결하기 위해 무엇을 해야 할지 알게 될 거예요. 또한 지구를 살리는 '친환경적인' 생활은 어떻게 하는 것인지 구체적인 방법도 배우게 될 거예요.

비록 작은 일이라도 모두가 함께 실천한다면 확실한 변화를 이룰 수 있어요. 사람들이 문제를 일으켰으니, 문제를 해결할 수도 있지 않겠어요?

쓰레기장이 된 지구

오늘날의 문제들은 사실 약 200년 전, 산업 혁명기라고 하는 시대에 시작되었어요. 그때 사람들은 에너지를 써서 온갖 일을 해내는 쓸모 있는 기계들을 처음으로 발명했지요. 아주 훌륭한 발명들이었기 때문에 당시에는 누구도 그 발명에 좋지 않은 면이 있을 거라고는 생각하지 못했답니다.

에너지 위기

기계를 작동시키기 위해서 사람들은 석탄과 가스와 석유를 태웠어요. 처음에는 이런 연료들을 언제까지나 구할 수 있을 것 같았지요. 하지만 우리가 이미 엄청나게 많은 연료를 써 버렸기 때문에, 세상을 굴러가게 하는 연료를 구하기가 갈수록 어려워지고 있어요. 게다가 연료를 태우면 지구가 더러워진답니다. 그래서 이제 다른 방식으로 기계들을 움직이게 할 방법을 찾아야 해요.

쓰레기를 치워야 해요

현대인들은 살아가면서 갖가지 더러운 쓰레기들을 많이 만들어 내요. 발전소, 공장, 농장, 사무실, 가게, 집 등에서 쓰레기가 나오지요. 쓰레기는 공기와 땅과 물을 오염시키고 심지어 날씨까지 바꾸고 있어요. 그래서 사람은 물론, 다른 생물들까지 위험해지고 있어요. 이제 우리가 더럽힌 것은 우리가 청소해야 해요.

캐나다에서는 흰돌고래의 새끼 수가 점점 줄고 있어요. 근처의 공장들에서 나온 화학 물질로 바닷물이 오염되었기 때문이에요.

청소 비용

지구를 청소해서 다시 건강하게 만드는 데 돈이 너무 많이 든다고 말하는 사람도 있어요. 물론 맞는 말이에요. 하지만 지금 당장 문제를 해결하는 것이 결국에는 돈을 아끼는 셈이 될 거예요. 예를 들어 오염된 도시의 공기를 깨끗하게 하면 비싼 돈을 들여서 천식 치료를 받는 사람이 줄어들 테니까요.

어떤 도시는 대기 오염이 너무 심해서 사람들이 외출할 때 마스크를 써요.

세상은 좁아요

미국이나 영국, 오스트레일리아처럼 산업이 발달한 나라의 국민들이 전 세계 석탄, 가스, 석유의 대부분을 소비하고 있어요. 오염도 제일 많이 일으키고요. 게다가 그 사람들이 일으킨 나쁜 영향은 전 세계로 퍼진답니다. 산업이 덜 발달한 나라들에까지 피해가 미치는 거지요. 그래서 전 세계적인 해결 방법을 찾으려면 여러 나라 정부가 힘을 합쳐야 해요.

새로운 생활 방식?

많은 사람들이 자신의 생활 방식에 대해 고민하기 시작했어요. 좀 어렵게 말하자면 '지속 가능성'을 고민하기 시작했지요. 지속 가능한 생활 방식이란 후손에게 물려주기 위해 지구를 잘 보존하면서 우리 생활에 필요한 것을 얻는 생활 방식을 말해요. 예를 들면 우리가 숨을 쉴 때 필요한 산소는 식물에서 나오니까 식물을 잘 보살피는 거예요. 이것은 식물을 위해서이기도 하지만 미래에 살아갈 사람들을 위해서 하는 일이기도 해요.

왜 에너지 위기가 왔나요?

단지 스위치를 켜는 것만으로 우리는 기계를 움직일 수 있어요. 이처럼 첨단 기술을 누리는 편리한 생활 방식 때문에 두 가지 큰 문제가 생겼어요. 한 가지 문제는 땅속에 묻혀 있는 연료가 줄어들고 있는 것이고, 또 다른 문제는 연료를 쓰는 과정에서 지구가 더러워진다는 거예요.

너무 빨리 써 버리고 있어요

세상의 에너지는 거의 대부분 땅에서 캔 석탄이나 가스, 석유에서 와요. 이런 것들을 '화석 연료'라고 해요. 선사 시대 동식물의 시체가 땅속에 묻혀 화석처럼 되어 만들어졌기 때문이지요. 화석 연료가 만들어지는 데는 수백만 년이 걸리는데, 우리는 연료가 만들어지는 속도보다 훨씬 빠르게 연료를 써 버리고 있어요. 그래서 화석 연료를 '재생 불가능 연료'라고도 해요.

화석 연료 태우기

화석 연료에 담긴 에너지를 끌어내서 기계를 움직이려면 먼저 연료를 태워야 해요. 발전소에서는 석탄, 가스, 석유를 태워서 전기를 만들지요. 우리는 그 전기로 전등, 조리 기구, 컴퓨터 같은 수많은 기기를 가동하고요. 가스를 태워서 난방이나 조리에 필요한 에너지를 얻기도 해요. 한편 석유를 정제해서 얻은 휘발유나 항공 연료는 자동차나 비행기 엔진에 써요. 이렇게 연료를 태울 때는 몇 가지 위험한 부작용들이 따라와요.

어떤 부작용이 있나요?

화석 연료를 태우면 매연이 나와서 주변으로 퍼져 나가요. 매연이란 해로운 기체를 말해요. 공기와 물을 오염시키고, 사람과 동식물에게 피해를 주지요. 또, 이산화탄소(CO_2) 같은 다른 기체도 나오는데, 이것은 지구가 겪는 가장 큰 골칫거리인 기후 변화를 일으키지요.

발전소에서는 해로운 기체들이 많이 나와요. 특히 이산화탄소가 많이 나오지요.

핵 발전소는 어떤가요?

우라늄 금속을 사용하는 핵 발전소는 화석 연료 발전소와 달리 매연을 내지 않고 전기를 만들어요. 하지만 큰 단점이 있어요. 핵 발전소에서는 방사능이 있는 쓰레기가 나오는데, 방사능은 생물에게 아주 위험해요. 게다가 수천 년이 지나도록 위험이 사라지지 않지요. 이 방사성 폐기물을 안전하게 저장하여 위험이 새어 나오지 않게 관리하는 것은 아주 어려운 일이랍니다.

바이오 연료가 답이 될까요?

어떤 사람들은 바이오 연료라는 새로운 연료가 에너지 위기를 해결할 훌륭한 방법이라고 생각해요. 보통 바이오 연료는 농작물로 만드는데, 전기를 생산하거나 자동차를 움직이는 데 쓸 수 있어요. 하지만 바이오 연료에 대해 비판하는 목소리도 있어요. 바이오 연료를 만들고 운반하는 과정에서 이산화탄소가 너무 많이 나온다는 거예요. 또 작물을 사람이 먹지 않고 자동차의 연료로 쓰는 것에 반대하기도 해요. 13쪽에서 바이오 연료를 더 자세히 소개했어요.

뜨거워지는 지구

21세기가 되고 처음 몇 년은 인간이 기상 관측을 시작한 이래로 가장 뜨거웠어요. 과학자들은 이런 현상이 지구가 점점 더워지고 있다는 증거라고 생각해요. 이러한 지구 온난화는 왜 일어나는 걸까요? 왜 문제일까요?

가스가 너무 많아!

오늘날은 지난 수십만 년에 비해 대기 속에 이산화탄소가 더 많답니다. 대부분 화석 연료를 태울 때 나온 거예요. 하지만 이산화탄소 외에도 지구 온난화를 일으키는 기체들이 더 있어요. 메탄도 그중 하나예요. 농장의 동물들이 트림을 하거나 방귀를 뀔 때, 그리고 우리가 벼농사를 짓거나 쓰레기를 썩힐 때 메탄이 생겨요. 아산화질소도 있어요. 농장의 흙에서도 나오고 화석 연료를 태울 때도 나오는 기체예요. 지구 온난화를 일으키는 이런 기체들을 온실 가스라고 해요.

왜 온실 가스라고 하나요?

지구에 도달한 햇빛은 대부분 다시 튕겨져 나가요. 그런데 여러 가스들이 지구의 겉을 담요처럼 덮고 있어서 마치 유리로 된 온실처럼 태양의 열기를 조금 가둬 주지요. 그래서 이 가스들을 온실 가스라고 해요. 온실 가스가 없다면 우리는 다 얼어 죽을 거예요.

빙하가 녹아요

북극과 남극에는 거대한 얼음 덩어리들이 있어요. 이것을 '빙하'라고 해요. 그런데 지구 온도가 높아지면서 이 빙하들이 녹고 있어요. 빙하가 녹아서 물이 되면 바다의 높이가 올라가겠지요. 그러면 낮은 섬이나 해안가 지역이 물에 잠길 위험이 있어요. 벌써 몰디브 섬의 주민들은 하나 둘 이사를 하고 있답니다. 지도에서 아예 사라지는 섬도 있을지 몰라요.

극지방의 빙하가 녹아요.

해수면이 높아져요.

땅이 잠겨요.

기후 변화

지구 온난화가 계속되면 더위, 가뭄, 홍수가 잦아질 뿐 아니라 기후가 대체로 거칠어져요. 강풍이나 허리케인도 자주 생기게 되지요. 기후가 나빠지면 식량 생산에도 문제가 생길 수 있고, 더운 지방에서 발생하는 말라리아 같은 질병이 널리 퍼질 수 있어요.

하지만 요즘은 이 기체의 담요가 너무 두꺼워져서 열을 지나치게 많이 가두고 있어요. 그래서 기온이 위험할 정도로 높이 올라가고 있는 거예요.

친환경 에너지는 무엇인가요?

화석 연료 대신 더 깨끗하고 재생 가능한 에너지를 쓰면 우리는 온실 가스를 줄일 수 있어요. 현재 전 세계 에너지 사용량 중에서 깨끗한 재생 가능 에너지의 비율은 채 5퍼센트도 되지 않아요. 환경과 지구를 위해 재생 가능 에너지를 훨씬 많이 활용할 수 있는데 말이에요.

태양 에너지

태양열을 모으는 판을 지붕에 달면 태양열 에너지로 물을 데울 수 있어요. 그러면 이 물을 더운물로 쓰거나 난방 장치로 보내서 집 안을 덥히는 데 쓰는 거지요. 가끔 날이 흐려도 괜찮아요. 햇빛이 어느 정도만 들면 물을 충분히 데울 수 있거든요. 광전지로도 태양열을 활용할 수 있어요. 광전지는 햇빛을 전기로 바꿔 주는 장치인데, 햇빛이 훨씬 잘 드는 지역에서만 쓸 수 있어요.

풍력 에너지

바람의 힘으로도 전기를 만들 수 있어요. 바람이 풍력 터빈의 회전 날개를 움직이면, 그 회전 날개가 발전기를 돌려서 전기를 만들지요. 풍력 터빈은 바람이 센 언덕 위나 먼 바다에 설치하는 게 좋아요. 건물이 빽빽한 지역의 주택에 작은 터빈을 다는 건 그리 효율적이지 못해요.

바람이 많이 부는 장소에 커다란 풍력 터빈 하나를 세우면 1000곳의 가정에 공급할 만한 전기를 생산할 수 있어요.

수력 에너지

전 세계 사람들이 쓰는 에너지 중 일부는 수력 발전소에서 생산돼요. 수력 발전소에서는 흐르는 물의 힘으로 터빈을 돌려 전기를 얻어요. 그러려면 큰 댐을 지어 물을 가두어야 하기 때문에 넓은 땅이 물에 잠기게 돼요. 그곳에 살던 사람이나 동식물에게는 반갑지 않은 일이겠지요. 요즘에는 바다의 조수나 파도의 힘으로 전기를 생산하는 새로운 방법도 등장했어요. 잘 활용한다면 댐보다 환경에 미치는 피해가 적을 거예요.

지속 가능한 바이오 연료

어떤 농부들은 쓸모없는 농작물이나 나무, 동물의 배설물을 썩힐 때 나오는 메탄이라는 해로운 기체로 바이오 연료를 만들기도 해요. 발효기라는 저장고에 메탄을 모으면 그 속에서 기체가 전기로 바뀌지요. 쓰레기를 처리하는 동시에 에너지를 얻고, 지구 온난화도 방지하는 일석삼조의 방법이에요. 휘발유 대신 쓰는 바이오 에탄올도 지속 가능한 방법으로 만들 수 있는 연료예요. 바이오 에탄올을 만들 때는 농사에 쓰이지 않는 땅에서 자라는 나무를 재료로 사용하는 게 좋아요.

친환경적 기계는 어떤 게 있나요?

태양 에너지로 가는 계산기, 시계, 전등 등이 있어요. MP3 플레이어나 휴대폰 충전기 중에도 태양 에너지를 쓰는 게 있고요. 야외에서 쓰기에 안성맞춤이지요. 대부분 전지를 쓰는 것들이라서 기계를 햇빛 아래 놓아두기만 하면 재충전이 돼요. 또, 우리가 직접 태엽을 감아서 에너지를 공급하는 라디오도 있답니다.

에너지 절약법

에너지를 절약하는 방법이 얼마나 많은지 알면 여러분은 아마 깜짝 놀랄 거예요. 별로 수고가 들지 않는 방법도 많아요. 그리고 전기나 가스 요금이 줄어들 테니 부모님도 기뻐하시겠지요!

스위치를 끄세요

방을 나가면서 텔레비전이나 전등을 끄지 않고 그대로 두면 그때마다 온실 가스로 지구를 오염시키는 셈이에요. 정말 아무 이유도 없이 말이지요. 아래에 소개하는 방법들을 실천해서 위험한 기후 변화도 막고 돈도 아껴 보세요.

- 전자 제품을 쓰지 않을 때는 스위치를 끄세요. 나중에 다시 켜는 데 1초밖에 안 걸리잖아요! TV, DVD 플레이어, 오디오, 충전기 등도 모두 마찬가지예요. 충전기에 휴대폰이나 MP3 플레이어가 연결되어 있지 않더라도 전원이 꽂혀 있는 동안에는 전기가 계속 사용된답니다.

- 밤에는 전자 제품의 전원을 아예 꺼 버리세요. 사실 낮에도 한 시간 안에 기기를 쓰지 않을 거라면 코드를 완전히 뽑아 두는 게 가장 좋아요.

- 컴퓨터의 화면 보호기는 에너지 절약에 도움을 주지 못해요. 한 시간 이상 컴퓨터를 쓰지 않을 거라면 절전 상태로 바꿔 두세요. 아예 끄면 더 좋고요. 모니터를 밤새도록 켜 두면 전자레인지를 여섯 번 돌릴 만한 에너지를 낭비하게 된답니다.

- 방에서 나갈 때는 꼭 불을 끄세요.

- 에너지 절약형 전구를 쓰세요. 일반 전구보다 조금 비싸지만 전기 요금이 더 적게 나오고 8~12배쯤 오래가요. 빛이 좀 약한 것 같다면 그다지 환할 필요가 없는 장소에라도 쓰세요. 절약형 전구의 효율은 갈수록 좋아지고 있어요. 에너지 절약형 전구를 쓰면 온실 가스의 양도 줄일 수 있어요. 백만 가구에서 집집마다 4개씩 에너지 절약형 전구로 바꾸면 90만 톤의 온실 가스를 줄일 수 있답니다.

- 집이 추우면 난방을 하기 전에 먼저 옷을 껴입고 창문을 닫으세요. 해가 진 뒤에는 커튼을 치는 것도 집 안을 따뜻하게 하는 데 도움이 돼요.

- 더울 때는 겉옷을 벗는 대신 난방 온도를 낮춰 보세요. 거실의 온도는 20도보다 높을 필요가 없어요. 방 안에 온도계를 두어 온도를 확인하면 좋겠지요.

부엌에서 에너지 아끼기

부엌은 에너지를 무척 많이 쓰는 장소예요. 그만큼 많이 절약할 수 있는 곳이기도 하지요.

- 전기 주전자에는 물을 꼭 필요한 만큼만 담으세요. 그래야 빨리 끓어요. (그렇다고 너무 모자라게 담지는 마세요. 다 끓어 없어지면 안 되니까요.)

- 냄비로 요리할 때는 물을 너무 많이 담지 말고, 냄비의 크기를 불판의 크기에 맞추세요. 큰 불판에 작은 냄비를 올리면 에너지를 낭비하게 되고, 작은 불판에 큰 냄비를 올리면 요리하는 효율이 떨어져요. 층층이 쌓을 수 있는 찜통은 에너지 효율이 높은 조리 기구예요. 불판을 하나만 쓰니까요. 요리를 빨리 하려면 재료를 잘게 자르고, 뚜껑을 꼭 덮으세요.

- 음식이 잘 익는지 확인하려고 오븐을 자꾸 열어 보는 건 좋지 않아요. 열이 빠져나가서 오히려 시간이 더 오래 걸려요.

- 한 번에 먹을 양보다 많이 요리했다가 나머지는 얼려 두세요. 나중에 데울 때는 전자레인지를 쓰세요. 오븐보다 전자레인지가 에너지를 훨씬 적게 쓰거든요.

- 세탁기는 옷이 가득 쌓일 때까지 기다렸다가 돌리세요. 혹시 소량 세탁 기능이 있다면 그렇게 맞춰서 쓰세요. 물 온도를 40도로 해서 빨면 60도로 빨 때보다 에너지를 3분의 1 정도 적게 써요. 요즘의 세제는 30~40도에서도 잘 녹으니까 걱정 없어요.

- 옷은 되도록 바깥이나 집 안의 빨랫줄에 널어서 말려요. 건조기를 쓰면 다른 어떤 가전제품을 쓸 때보다도 에너지가 많이 낭비돼요.

- 식기 세척기는 그릇이 꽉 찰 때까지 기다렸다가 쓰세요. 그릇이 아주 더럽지 않다면 절약 기능을 설정해서 쓰세요.

- 냉장실이나 냉동실 문을 잠시라도 쓸데없이 열어 두지 마세요. 냉장고가 다시 내부를 차갑게 만드느라 에너지를 더 쓰게 되니까요. 뜨거운 음식을 냉장고에 넣어도 마찬가지예요. 충분히 식힌 뒤에 냉장고에 넣으세요.

- 냉장실이나 냉동실 문이 빈틈없이 꽉 닫히는지 확인하세요. 종이 한 장을 끼웠을 때 종이가 떨어지지 않을 정도로 꼭 맞아야 해요.

대기 오염은 왜 일어나나요?

지구의 대기를 오염시키는 것은 온실 가스만이 아니랍니다. 그 밖에도 문제를 일으키는 기체들이 있어요. 예를 들어 프레온이라고도 하는 CFC(씨에프씨) 기체들도 골칫거리이지요.

CFC가 무슨 일을 하는데요?

태양이 지구로 보내는 자외선(UV)은 우리 살갗을 태우는 해로운 전자기파예요. 다행히도 오존이라는 기체가 하늘에서 층을 이루고 자외선을 어느 정도 막아 준답니다. 그런데 지난 20여 년 동안 이 오존층에 뚫린 구멍이 점점 커지고 있어요. 특히 2006년에는 구멍의 넓이가 미국 땅의 3배나 될 정도로 커졌어요.

요즘은 자외선 차단제를 꼼꼼하게 바르는 게 정말 중요해요.

1980년대에 과학자들은 CFC 때문에 오존층에 구멍이 뚫린다는 사실을 알아냈어요. CFC는 냉장고, 에어컨, 스프레이 깡통 등에 쓰이고 있었지요. 지금은 대부분의 나라에서 CFC 사용을 금지했지만, 이 기체들은 앞으로도 100년가량 대기에 남아 있을 거예요.

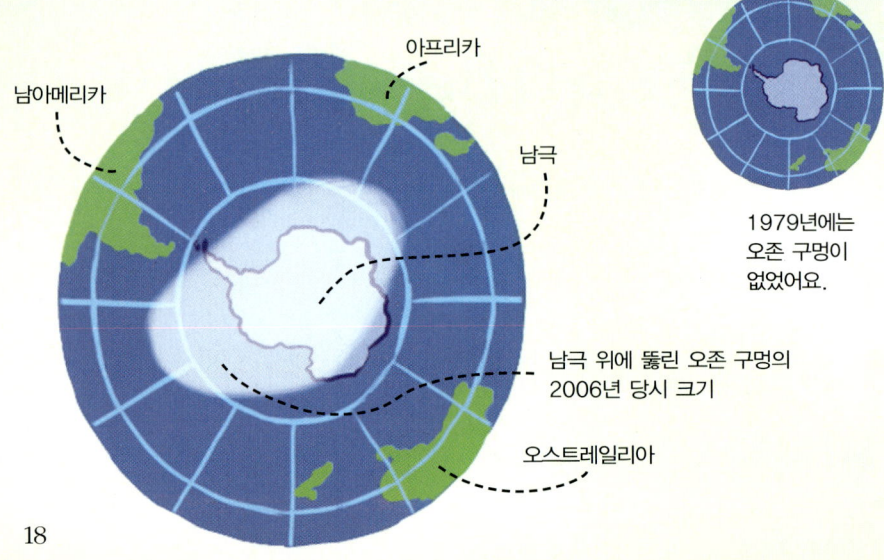

남아메리카 / 아프리카 / 남극 / 오스트레일리아

1979년에는 오존 구멍이 없었어요.

남극 위에 뚫린 오존 구멍의 2006년 당시 크기

산성비

공기가 오염되면 비도 영향을 받아요. 화석 연료를 태울 때 나오는 기체들 중 몇 가지가 비를 산성으로 바꾸어 놓지요. 산성비는 식물은 물론이고 건물에까지 피해를 입혀요.

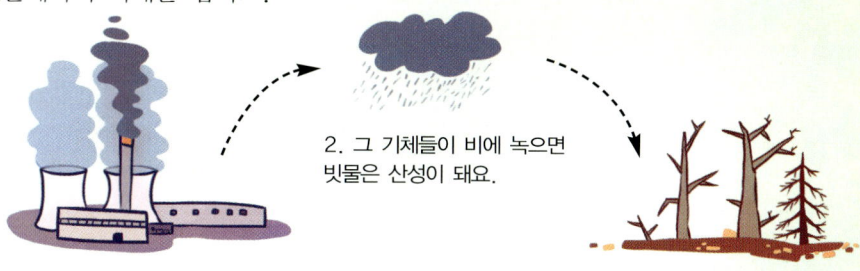

1. 발전소, 공장, 자동차 등에서 이산화황과 산화질소가 공기로 피어올라요.

2. 그 기체들이 비에 녹으면 빗물은 산성이 돼요.

3. 산성비는 나무를 죽이고, 강물에 사는 생물을 중독시키고, 건물을 낡게 만들어요.

스모그가 무엇인가요?

스모그란 오염 물질들이 엉겨서 뿌옇게 된 공기를 말해요. 주로 발전소나 공장, 자동차, 비행기에서 뿜어져 나온 연기와 배기가스가 섞일 때 스모그가 생기지요. 스모그는 덥고 바람이 없는 날에 특히 심해요. 전 세계에서 매년 수십만 명이 스모그 때문에 병에 걸려 세상을 떠나고 있어요. 호흡기나 심장에 문제가 있는 사람들이 제일 위험하답니다.
중국과 러시아에는 세계에서 가장 대기 오염이 심한 도시들이 많이 있어요. 산업은 빠르게 발달하고 있는데 반해, 아직 오염 방지법이 확실하게 시행되지 않아서 그래요.

하늘에 항상 뿌연 스모그가 걸려 있는 대도시들도 있어요.

공기를 더럽히는 교통수단

100년 전만 해도 자기가 사는 동네에서 멀리 떨어진 곳까지 여행하는 사람은 몹시 드물었어요. 하지만 빠르고 현대적인 교통수단들이 등장했기 때문에 요즘 사람들은 여행을 자주 하지요. 이 때문에 이산화탄소가 증가하고 대기 오염이 빠르게 심해지고 있어요.

최악의 교통수단

한 사람이 같은 거리를 간다고 할 때, 가장 심하게 오염을 일으키는 교통수단은 비행기예요. 다음으로 나쁜 것이 자동차고요. 자동차 매연에는 이산화탄소 말고도 온갖 먼지와 기체들이 섞여 있어요. 교통량이 많은 나라에서는 심지어 매연 때문에 죽는 사람이 교통사고로 죽는 사람보다 많아요. 어떤 전문가들은 차 안의 공기도 건강에 나쁘다고 해요. 차 안에 있는 플라스틱이나 천에서 나온 오염 물질들이 공기를 더럽히기 때문이지요.

혼잡한 도로 옆이나 비행기가 나는 길 아래에 사는 사람들은 소음 때문에 스트레스를 받아요.

정부는 무엇을 할 수 있을까요?

어떤 나라에서는 비행기 요금을 비싸게 매겨서 사람들이 항공 여행을 덜 하게 만들려고 해요. 또한 연료가 많이 드는 큰 차에는 세금을 많이 매겨서 작고 효율적인 차로 바꾸도록 권장하지요. 정부는 대중교통을 개선할 수도 있고, 걷거나 자전거 타기에 편한 길을 만들 수도 있어요. 전차를 새로 도입한 도시들도 있어요. 전차는 매연을 내지 않고 소음도 적거든요.

나는 무엇을 할 수 있을까요?

- 가능하면 기차를 타세요. 승객 한 명이 같은 거리를 이동한다고 할 때 비행기를 타는 것에 비해 에너지는 3분의 1정도밖에 쓰지 않고, 오염 물질은 5분의 1정도밖에 내지 않아요.

- 배도 승객 한 명이 같은 거리를 갈 때 비행기보다 오염이 덜해요.

- 버스도 물론 오염을 일으키지만 한 번에 많은 사람들을 실어 나르기 때문에 각자가 자기 차를 운전하는 것에 비하면 한 사람당 오염 물질 배출량이 훨씬 적어요.

- 자전거는 전혀 오염을 일으키지 않아요. 게다가 자전거를 타는 것은 좋은 운동이 되지요. 그렇지만 항상 안전한 자전거 도로로 달리고, 헬멧을 쓰고, 빛을 잘 반사하는 옷을 입는 걸 잊지 마세요.

- 짧은 거리라면 걷는 게 최고예요. 30분이면 3킬로미터 정도를 걸을 수 있어요. 이 정도 걸으면 의사들이 권하는 1일 운동량의 절반을 채우는 거랍니다.

- 학교가 차를 타고 가야 할 거리에 있다면, 이웃의 친구들을 모아서 한 차에 함께 타고 가도록 해 보세요. 자동차는 짧은 거리를 갈 때 오염을 더 많이 일으켜요. 엔진이 서서히 더워지는 첫 3킬로미터 동안에 매연이 가장 심하게 배출되기 때문이지요.

자동차에 갇혀 막히는 길에 서 있느니 차라리 걸어서 학교에 가는 게 빠를 수도 있어요. 자동차는 혼잡한 도로에서는 에너지를 더 많이 쓰고 오염도 더 많이 일으켜요. 줄곧 멈췄다가 움직였다가 해야 하기 때문이에요.

쓰레기가 가득가득

얼마 전까지만 해도 사람들은 집 밖에 쓰레기를 내놓으면 끝이라고 생각했어요. 하지만 우리가 버린 쓰레기가 산처럼 쌓여서 이제 지구에 심각한 문제를 일으키고 있어요. 마침내 정부가 나서서 쓰레기를 줄일 방법을 궁리하기 시작했지요. 개인들도 쓰레기 줄이기를 실천하고 있어요.

땅에 묻으면 안 되나요?

가정에서 나온 쓰레기는 대부분 매립지로 보내서 땅에 묻어요. 이렇게 하면 쓰레기를 눈앞에서 없애기는 하지만 많은 문제를 일으켜요. 가장 걱정스러운 일은 전지나 헤어스프레이, 플라스틱 같은 몇몇 쓰레기들이 독성 물질을 내놓는다는 점이에요. 독성 물질은 공기로 빠져나오거나 땅으로 스며들어서 지하수를 오염시켜요. 오염된 지하수가 강으로 흘러가면 생태계에 피해가 가지요. 사람이 마시는 물도 오염될 수 있고요.

쓰레기를 꼭꼭 눌러 담아서 쓰레기봉투를 아껴요.

우리가 내놓는 쓰레기는 양이 엄청나게 많아서 매일 수북하게 쌓여요. 그래서 계속 새로운 매립지가 필요하지요. 쓰레기는 대개 잘 썩지 않아요. 최소 몇 백 년 동안, 어쩌면 영원히 우리가 버린 모습 그대로 지구에 남아 있을 거예요. 그리고 음식물 찌꺼기나 정원에서 나온 쓰레기 같은 것을 매립지에 묻으면 메탄이 생기는데, 이 기체는 지구 온난화를 악화시키지요. 쓰레기를 차에 실어 매립지로 운반하니까 그 과정에서도 오염이 일어나고요. 매립지에서 고약한 냄새가 난다는 점도 무시할 수 없는 문제이지요.

태우면 안 되나요?

쓰레기를 매립지에 묻는 대신 소각장에서 태우기도 해요. 하지만 이것도 좋은 해결책은 아니에요. 쓰레기를 태우는 동안 해로운 매연이 생길 때가 많고, 다 태운 뒤에 남는 독성이 있는 재는 결국 매립지에 묻어야 하니까요.

쓰레기는 쓰레기통에

쓰레기를 아무 데나 버리면 보기만 나쁜 게 아니에요. 파리나 쥐를 끌어들여서 질병을 퍼뜨리고 동물들을 다치게 할 수도 있어요. 특히 유리는 뜨거운 햇볕 아래 오래 두면 불을 일으킬 수 있어 위험해요. 그러므로 쓰레기를 아무 데나 버리지 않는 건 몹시 중요한 일이에요. 만약 버려야 할 것이 있다면 쓰레기통을 찾을 때까지 들고 다니세요. 그러다가 집까지 들고 오게 되더라도 말이에요.

애완동물의 배설물 치우기

개와 고양이의 배설물을 흙이나 모래에 그대로 두면 심각한 질병이 퍼질지도 몰라요. 어쩌다가 누군가의 입이나 눈에 닿기라도 하면 눈을 멀게 할 수도 있어요. 바깥에서 자주 뛰어노는 아이들이 특히 위험해요. 그러니까 내 애완동물의 배설물은 반드시 내가 치워야 해요. 또, 고양이는 작은 모래 상자에 배변을 하도록 훈련시키세요. 그래야 남의 집 정원에 실례를 하는 일이 줄어들 테니까요.

덜 쓰고, 다시 쓰고, 재활용해요

가정에서 나온 쓰레기의 60퍼센트 이상은 재활용할 수 있어요. 잘 부수어서 다른 물건으로 만들 수 있다는 말이지요. 하지만 처음부터 물건을 적게 사고, 고장 난 물건을 바로 버리는 대신 고쳐서 다시 쓰려고 노력하면 훨씬 좋을 거예요.

어떻게 덜 쓰고 다시 쓰지요?

- 필요 없는 물건은 자선 단체에 기증하거나 벼룩시장에 내다 파세요. 물건을 살 때도 이런 곳들을 이용하고요.

- 음악은 인터넷에서 돈을 내고 다운로드 받아 들으세요.

- 책, CD, DVD, 컴퓨터 게임 등은 친구들과 돌려 가며 즐기세요.

- 가게에서 비닐봉지를 받지 마세요. 장바구니나 쓰던 비닐봉지를 직접 들고 가서 물건을 담아 오세요. 집에 비닐봉지가 많이 쌓였다면 쓰레기를 담는 데 쓰거나, 아니면 동네의 자선 단체나 과일 가게, 채소 가게에 가져가서 필요한지 물어보세요.

- 플라스틱 컵이나 일회용 카메라 같은 일회용품은 되도록 쓰지 마세요. 생수 통은 깨끗이 씻어서 다시 쓰세요.

- 재충전이 되는 알카라인 망간 건전지를 쓰세요. 다른 종류의 전지들은 매립지에 묻힌 뒤 흙 속에 유독한 중금속을 배출하거든요.

- 스테이플러 중에는 철심을 쓰지 않아도 되는 것이 있으니 그런 것을 쓰세요. 아니면 여러 번 쓸 수 있는 클립을 사용하세요.

- 오래된 잡지가 있다면 동네 병원이나 미용실에 가져가서 대기실에 놓아두어도 될지 물어보세요.

- 친척들에게는 선물을 사 드리는 대신 정원 가꾸기, 세차, 집 안 장식 같은 일들을 돕겠다고 하세요.

왜 재활용해야 하지요?

재활용 캔을 만드는 데는 완전히 새로 만들 때 필요한 에너지의 5퍼센트 정도밖에 필요하지 않아요.

유리병 하나를 재활용하면 텔레비전을 1시간 30분 켤 수 있는 에너지가 절약돼요.

물건을 재활용하면 새로 만드는 것보다 오염이 적게 발생하고 비용도 적게 들어요. 재활용은 생산 과정에 쓰이는 재료, 에너지, 물의 양을 줄여 주거든요.

어떻게 재활용하지요?

동사무소 같은 지역 기관에 가면 재활용 방법을 안내하는 작은 책이나 안내서가 있을 거예요. 어떤 물건을 재활용할 수 있는지, 우리 동네는 재활용품을 집집마다 수거하는지 아니면 쓰레기 수거 장소에 따로 수거 상자가 있는지 알려 주는 자료이지요. 안내에 따라 재활용품을 제대로 분리해서 내놓아야 해요. 아니면 재활용이 되지 않을 수도 있어요.

이 기호가 있는 제품은 재활용할 수 있는 물건이에요.

재생 제품을 사요

가능하다면 재활용으로 만들어진 재생 제품을 사세요. 공책 같은 종이 제품은 재생지로 만든 것이 많아요. 샴푸 등의 세면용품 중에는 가끔 다 쓴 통을 가게에 돌려줄 수 있는 제품이나, 내용물만 살 수 있는 리필제품이 있지요. 재생 제품 중에는 간혹 꽤 엉뚱한 물건들도 있어요. 오래된 타이어로 만든 마우스 패드라거나, 조각낸 전화번호부로 만든 침낭 같은 것들이지요.

이 기호는 재활용 재료를 50퍼센트 사용해서 만든 제품이라는 뜻이에요.

어떤 것들을 재활용할 수 있나요?

요즘은 재활용 가능한 물품이 점점 많아지고 있어요. 그러니 쓰레기를 그냥 던져 버리기 전에 혹시 재활용할 수 있는 물건인지 잠시 고민해 보는 게 좋겠지요. 학교에서도 재활용을 제대로 하고 있는지 확인하세요. 아래에 재활용할 수 있는 물건들을 몇 가지 소개했어요.

- 종이, 유리, 캔, 몇몇 새로운 종류의 플라스틱들.(확실하게 알 수 없을 때는 재활용 기호가 있는지 보세요.) 음식이 들었던 용기를 깨끗하게 씻은 것. 음식이 들었던 용기 중에 특히 캔을 다룰 때는 손을 베지 않도록 조심하세요.
  (재생지에 대해서는 43쪽에서 더 자세하게 이야기할 거예요.)

- 생분해성 쓰레기(27쪽을 보세요.)

- 옷이 자선 단체에 기증할 수 없을 정도로 낡고 해졌다면, 반드시 천을 수거하는 곳에 버려서 재활용되게 하세요.

- 휴대폰에는 여러 가지 심각한 독성 물질들이 들어 있어요. 휴대폰을 매립지나 소각장에 버리면 그것들이 새어 나오겠지요. 다행스럽게도 휴대폰 재료의 80퍼센트는 재활용할 수 있어요. 휴대폰 가게, 자선 단체, 심지어 슈퍼마켓에서도 휴대폰을 수거하는 곳이 있으니 알아보세요.

- 프린터 카트리지는 잉크를 파는 가게를 통해 재활용할 수 있어요.

- 오래된 안경은 안경 가게나 자선 단체에 가져다주면 재활용할 수 있어요. 나한테는 오래된 물건이라도 다른 사람에게는 괜찮을 수 있으니까요. 이런 안경들을 개발도상국에 보내 주는 단체도 있어요.

재활용품을 모으는 상자는 뚜껑을 꼭 닫아 두세요. 동물들이 쓰레기 때문에 다치지 않도록 말이에요.

생분해성 쓰레기란 무엇인가요?

쓰레기가 생분해성이란 것은 매립지에 묻혀 산소가 부족한 상황만 아니라면 꽤 빨리 썩는다는 뜻이에요. 음식 찌꺼기, 정원 쓰레기, 종이 등이 생분해성 쓰레기에 속해요. 아마도 지역 단체에서 이런 것들을 재활용하겠지만, 마당이 있다면 여러분이 직접 재활용할 수도 있어요.

우선 생분해성 쓰레기를 용기에 담아서 모아요. 넓은 마당이 있다면 한곳에 쓰레기를 쌓아서 무더기를 만들어요. 좋지 않은 냄새가 날 테니 집에서 멀리 떨어진 곳에 만드세요. 쓰레기가 썩도록 그대로 내버려 두면 영양분이 풍부한 자연 비료인 퇴비가 된답니다. 정원 흙에 이 퇴비를 뿌리면 식물이 아주 건강해지지요. 아래와 같은 것들이 퇴비 재료로 알맞아요.

- 과일이나 채소의 껍질
- 차 봉지, 찻잎, 커피 원두 등
- 달걀 껍질
- 판지(화장지 심, 시리얼 포장지, 종이로 된 달걀 상자 같은 것)
- 종이봉투와 키친타월(단, 음식이 묻어 있지 않아야 해요.)

- 판지나 종이는 작은 조각으로 찢으면 좋아요.
- 고기, 생선, 유제품, 음식 찌꺼기 등은 집에서는 퇴비 재료로 쓰지 마세요. 냄새가 많이 나고, 쥐나 파리를 끌어들여 질병을 퍼뜨릴 수 있으니까요.

벌레를 길러서 퇴비를 만드는 사람들도 있어요. 퇴비 만드는 일을 돕는 특별한 벌레들을 팔기도 하거든요. 벌레들이 쓰레기를 우적우적 씹어 먹고 배설물을 내놓으면 퇴비가 더 빨리 만들어진답니다.

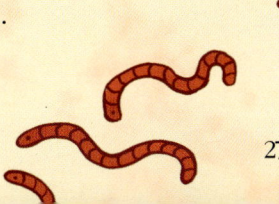

수질 오염

모든 생명체가 그렇지만, 인간도 물이 없으면 살지 못해요.
우리 몸이 대부분 물로 이루어져 있으니까 놀랄 일도 아니지요.
마시는 물이 깨끗해야 병에 걸리지 않아요. 하지만 오늘날에는
여러 가지 이유로 물이 오염되고 있답니다.

무엇이 물을 더럽히나요?

공장이나 농장이나 매립지에서 나온 화학 물질, 배가 흘린 기름, 사람들이
함부로 버린 쓰레기 등이 물을 오염시켜요. 개발도상국에서는 사람이나
동물의 배설물이 수질 오염의 주범이에요. 매년 수백만 명의 아이들이
더러운 물 때문에 목숨을 잃어요. 안전한 식수와 깨끗한 화장실이 있다면,
그리고 홍수 때 하수구가 넘치지 않게 한다면 그 아이들을 살릴 수 있을
텐데 말이에요.

죽음의 해역

옛날 사람들은 바다가 굉장히 넓으니까 쓰레기를 아무리 많이 가져다
버려도 괜찮을 거라고 생각했어요. 하지만 지금 전 세계의 바다에는 이른바
'죽음의 해역'이라는 곳이 150군데나 있어요. 너무 더러워서 거의 아무것도
살지 못하는 곳이에요. 제일 큰 원인은 농사에 쓰이는 화학 물질들이에요.
그런 물질은 밭을 빠져나가 개울물에 섞이고, 결국 바다에 들어가지요.
바다에 도착한 화학 물질은 물에서 산소를 없애는 반응을 일으키고, 그러면
바다 생물들은 숨을 쉬지 못해 죽어요. 멕시코 만 같은 곳이 대표적인
죽음의 해역이에요. 하지만 아직 늦지 않았어요. 지금이라도 오염을 줄이면
바다 생물들이 다시 돌아올 거예요.

어떤 생물들은 죽음의 해역을 탈출해서 깨끗한
물로 도망갈 수 있어요. 하지만 게처럼 너무 느려서
도망가기 힘든 생물들도 있지요.

물을 깨끗하게 지키는 방법

심각한 대규모 수질 오염은 정부가 나서야만 해결될 거예요. 하지만 우리 한 사람 한 사람이 강과 호수와 바다와 지하수를 깨끗하게 지키는 데 힘을 보탤 방법들이 있어요.

- 액체 세제, 가루 세제, 개수대나 욕조나 변기 세척제 등은 결국 물에 쓸려서 강과 바다로 들어가요. 그러니 이런 제품들은 친환경 제품을 쓰세요. 그리고 세제를 적게 쓰고도 깨끗하게 씻을 수 있는지 시험해 보세요.

- 배설물이나 화장지 말고는 아무것도 변기에 버리지 마세요. 하수도는 다른 물질들은 처리할 수가 없기 때문에 그런 쓰레기들은 그대로 강이나 바다로 가게 될 거예요.

- 물을 더럽히는 기름은 대부분 가정에서 나와요. 개수대에 기름을 버리거나 하수도가 아닌 곳에 버리면 안 돼요. 요리용 기름도 안 되고 참치 캔에서 나온 기름도 안 돼요. 대신 플라스틱 통에 기름을 담아서 쓰레기로 내놓으세요.(플라스틱을 버리는 것도 나쁘긴 하지만, 기름을 물에 버리는 것보다는 나을 때가 많아요.) 고기에서 나온 지방은 굳힌 다음에 종이로 싸서 쓰레기통에 버리세요. 자동차에서 나온 기름은 재활용품으로 분리해서 내놓거나 재활용 프로그램을 운영하는 정비소에 가져다주세요.

- 야외에서 쓰레기를 물에 버리지 마세요. 물도 더러워지고, 야생 동식물들도 피해를 입어요.

물이 부족해요

모든 사람이 자유롭게 써도 될 만큼 물이 많은 것 아니냐고요? 안타깝지만 그렇지 않아요. 전 세계 인구 중 3분의 1은 물을 충분히 쓰지 못해요. 선진국 사람들이 변기 물을 한 번 내릴 때 쓰는 것보다 적은 양만으로 하루 내내 마시고 요리하고 씻는 사람들도 많답니다.

어떤 나라의 아이들은 가족을 위해서 멀리 떨어진 우물에서 물을 길어 나르느라고 학교 갈 시간도 없답니다.

비가 오지 않아요

지구 온난화 때문에 물 부족 상황이 심각해지고 있어요. 예전보다 비가 적게 오는 지역들이 많아졌거든요. 북유럽처럼 원래 비가 많이 오는 나라들도 마찬가지예요. 2025년이면 전 세계 인구의 3분의 2가 물 부족 지역에서 살게 될지도 모른다고 해요.

어떻게 물을 아끼지요?

- 수도꼭지를 쓸데없이 틀어 두지 마세요. 1분에 9리터씩이나 물을 낭비하게 돼요. 이를 닦을 때는 물을 잠갔다가 헹굴 때 다시 트세요. 이렇게 하면 계속 틀어 둘 때에 비해 물을 80퍼센트나 아낄 수 있어요.

- 변기의 물탱크 속에 물을 채운 플라스틱 통이나 벽돌을 하나 넣어 두세요. 그런 물건이 물이 찰 공간을 조금 차지하기 때문에 변기를 내릴 때 물이 적게 나오게 돼요.

- 목욕을 하는 대신 샤워를 하세요. 물을 절반 이상 적게 쓸 수 있어요. 특히 몸에 비누칠을 할 때 수도꼭지를 잠가 둔다면 말이에요.

- 주전자에 물을 너무 많이 담지 마세요. 필요한 만큼만 끓이세요.

- 세탁기나 식기 세척기는 씻을 거리가 가득 찼을 때에만 쓰세요. 씻을 거리가 절반이어도 물은 꽉 찼을 때의 절반보다 더 많이 쓰게 되거든요.

- 옷을 너무 자주 빨지 마세요. 입었던 옷을 잘 개거나 옷걸이에 걸어서 쭈글쭈글해지지 않게 하면 깨끗하게 오래 입을 수 있어요. 마당이 있으면 바깥의 빨랫줄에 잠시 널어서 산뜻하게 만들어도 좋아요.

- 수도꼭지를 한참 틀어 둬야 물이 차가워진다는 이유로 물을 낭비하지 마세요. 차가운 물을 마시고 싶으면 미리 물통에 받아서 냉장고에 넣고 식히면 돼요.

- 그릇이나 채소는 흐르는 물로 씻지 말고 대야에 물을 받아서 씻어요.

- 화초에 물을 줄 때는 설거지물이나 몸을 씻은 물을 활용하세요. 물론 세제나 비누를 쓰지 않았을 때에만 말이에요. 그런 '칙칙한' 물을 식물에 줄 때는 하나에 다 주지 말고 여럿에 골고루 나눠서 뿌리세요.

- 다른 사람에게 화초를 선물할 때는 가뭄에 잘 견디는 종류를 고르세요. 제라늄이나 라벤더처럼 물을 많이 먹지 않는 화초가 좋겠지요.

- 마당에 통을 놓아두면 빗물을 모아서 화초에 줄 수 있어요.

- 세차를 할 때는 양동이에 물을 받아서 하세요. 자동 세차 기계나 호스를 사용하면 물을 훨씬 더 많이 쓰게 돼요.

- 더운 나라로 여행을 갔을 때는 특히 물을 낭비하지 않도록 조심하세요.

- 마지막으로, 변기 물을 너무 자주 내리지 않는 것도 한 방법이에요. 사실 소변을 볼 때마다 꼭 물을 내릴 필요는 없거든요.(이 문제는 먼저 가족과 의논하는 게 좋겠지요!)

쌓여 가는 화학 물질

지구를 오염시키는 화학 물질은 대부분 커다란 산업 시설이나 회사, 교통수단 등에서 나오지만, 가정에서 쓰는 물건에서 나오는 경우도 있어요.

집 안의 화학 물질

요즘 우리는 합성 화학 물질을 매일 수만 가지씩 쓰고 있어요. 우리 할아버지와 할머니가 어렸을 때에 비해 훨씬 더 많이 쓰고 있지요. 화학 물질은 플라스틱, 포장지, 가구, 페인트, 세척용품, 세면용품, 화장품 등에 들어 있어요. 모두 안전 검사를 거치긴 했지만, 오랜 시간이 지난 뒤에 환경이나 사람에게 어떤 영향을 미칠지는 아직 아무도 몰라요.

옛날: 식초와 물, 그리고 팔 힘으로 청소했어요.

요즘: 향기 나는 스프레이식 세척제를 쓰지요.

몸속의 화학 물질

집에서 쓰는 화학 물질들은 우리 몸에 흡수될 수도 있어요. 보통 우리가 숨을 쉴 때 들이마시거나 피부를 통해 흡수되지요. 갓 태어난 아기들의 몸에도 이미 화학 물질이 조금 들어 있답니다. 화학 물질 중에 잔류성 유기 화합물(POC)이라고 하는 종류도 있는데, 이런 것들은 절대 사라지지 않고 평생 우리 몸속에 차곡차곡 쌓이는 물질이에요.

화학 물질을 적게 쓰는 방법

아래에 나열된 제품들을 적게 쓰면 환경을 깨끗하게 지키는 데 도움이 될 뿐만 아니라 여러분의 건강에도 좋아요. 꼭 써야 한다면 친환경적인 자연 성분으로 만든 제품을 고르세요.

- 향이 첨가된 세척용품, 광택제, 액체 세제, 효소 세제, 섬유 유연제, 공기 청정제, 스프레이 살충제 등을 쓰지 마세요. 이 물질들은 여러분의 몸속으로 들어갈 뿐만 아니라 하수구를 타고 내려가서 물과 땅을 오염시켜요. 정말 지저분한 운동복 같은 걸 빨 때는 효소 세제가 필요할 수도 있겠지만, 대부분의 옷은 독성이 덜한 무효소 세제로 빨아도 충분히 깨끗해져요.

- 세면용품과 화장품을 적게 쓰세요. 방취제, 샤워 젤, 헤어 제품, 향수같이 몸에 뿌리는 제품, 입술이나 얼굴의 화장품 등을 말이에요. 꼭 써야 하는지, 좀 적게 쓸 수는 없는지, 스스로에게 물어보세요. 그리고 포장지에 인쇄된 성분표를 한번 읽어 보세요. 얼마나 많은 화학 물질이 들어 있는지 알게 되면 조금만 써야겠다는 생각이 절로 들지 몰라요.

- 음식을 쌀 때 되도록 랩은 쓰지 마세요. 대신에 씻어 쓸 수 있는 용기에 담아 저장하고, 샌드위치 같은 음식은 기름종이나 종이 포일에 싸세요.

- 플라스틱 통에 음료를 담으면 통에서 화학 물질이 새어 나올 수도 있어요. PET(페트)라고 적힌 통은 플라스틱 중에서 가장 안전한 편이지만, 그래도 되도록 유리컵이나 머그잔에 마시는 편이 나아요.

- 벽을 칠할 때는 휘발성 유기 화합물(VOC)이 들어 있지 않은 페인트를 쓰세요. 휘발성 유기 화합물은 공기를 오염시키는 화학 물질이에요.

집 안에서 식물을 키우면 좋아요.
식물이 공기 중의 화학 물질을
조금이나마 흡수해 주거든요.

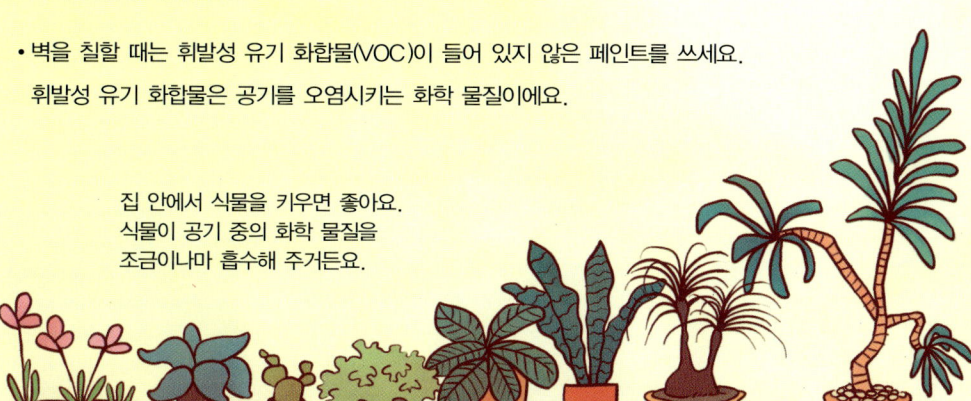

음식도 생각하며 먹어요

부유한 나라 사람들은 너무 많이 먹어서 건강을 해치는 반면, 가난한 지역 사람들은 수백만 명씩 굶어 죽고 있어요. 전 세계 인구가 계속 늘어나기 때문에 식량을 충분하게 길러서 적절히 나누는 일은 참으로 중요한 숙제이지요. 그것도 지구에 피해를 입히지 않는 방법으로 말이에요.

널따란 밭에 단 한 가지 작물

넓은 땅에서 딱 한 가지 작물을 기르는 것을 단일 재배라고 해요. 단일 재배는 큰 사업이고, 어마어마하게 많은 식량을 효율적이면서도 싸게 생산할 수 있는 방법이에요. 하지만 문제도 있어요. 시간이 흐르면 땅의 영양소가 빠져나가서 점점 생산량이 줄어들어요. 그리고 단일 재배를 할 때는 해로운 합성 화학 물질을 많이 쓰지요.

합성 화학 물질이 왜 나쁜데요?

농부들은 작물을 망치는 곤충을 죽이려고 합성 살충제를 뿌리고, 잡초를 죽이려고 합성 제초제를 뿌리고, 작물을 잘 자라게 하려고 합성 비료를 뿌려요. 하지만 이런 농약들은 모두 생태계에 피해를 입히거나 지하수를 오염시킬 수 있어요. 식품에도 화학 물질이 조금 남아 있게 되는데, 우리가 그걸 먹어서 좋을 리도 없겠지요. 화학 물질이 우리 몸에 장기적으로 어떤 영향을 미칠지는 아직 확실히 몰라요.

농약을 뿌리고, 널따란 평야를 만들려고 산울타리나 나무를 다 베어 버린 농지에서는 야생 동식물이 거의 살지 못해요.

유기농이 무엇인가요?

유기농이란 되도록 자연스럽고 오염을 일으키지 않는 방법으로 농사를 짓는 것을 말해요. 유기 살충제, 유기 제초제, 유기 비료는 유기 재료가 아닌 것들에 비해 해로운 화학 물질이 적어요. 하지만 유기농법으로 농사를 지으면서 보통의 농장만큼 식량을 생산하려면 훨씬 넓은 땅이 필요하지요. 그래서 유기농만으로 전 세계 사람들이 먹을 식량을 생산하기는 어렵답니다.

여느 농장에 비해 유기농장에는 새나 곤충이 더 많이 살아요.

유전자 조작은 무슨 뜻인가요?

유전자 조작(GM)이란 식물의 유전자를 바꾸어서 우리가 원하는 방식으로 자라도록 조작하는 것을 말해요. 유전자는 생명체의 겉모습과 성장을 결정하는 물질인데, 과학자들은 이 유전자를 조작할 수 있지요. 예를 들면 쉽게 썩지 않는 식품을 만들기 위해서 유전자를 조작하는 식이에요. 어떤 사람들은 유전자 조작 식물의 꽃가루가 멀리 퍼지면 환경에 피해가 갈지도 모른다고 걱정해요.

물고기 문제

전 세계의 물고기 수는 빠르게 줄고 있어요. 물고기가 짝을 짓고 새끼를 낳을 새도 없이 마구 낚아 버리는 남획 때문이지요. 그리고 현대의 어업 기술은 낭비가 심해요. 참새우 1킬로그램을 잡을 때 다른 바다 생물들이 12킬로그램이나 그물에 함께 딸려 올라와요. 어부들은 죽은 생물들을 다시 바다에 버리지요. 돌고래나 거북이 그물에 끼어서 죽기도 해요.

식품 운송 거리

식품이 밭에서부터 여러분의 식탁에 오르기까지 이동한 거리를 식품 운송 거리라고 해요. 가까운 지역에서 생산된 식품을 사면, 식품이 먼 거리를 이동하면서 만들어 내는 오염을 막을 수 있지요. 또한 여러분이 사는 지역의 제철 음식을 먹을 수 있다는 장점도 있어요. 이런 음식은 더 신선하고 맛이 좋을 거예요.

하지만 문제가 늘 단순한 것은 아니에요. 어쩌면 외국에서 기른 식품이 전기를 덜 썼을 가능성도 있어요. 예를 들어 온실이 필요 없는 따뜻한 곳에서 길렀다면, 비행기로 운송을 했더라도 식품을 생산할 때 나온 온실 가스 양이 더 적을 수도 있지요. 그리고 많은 개발도상국 주민들이 선진국에 식품을 수출해서 먹고살고 있어요.

어떤 식품을 사야 하나요?

식품을 고를 때 따져 봐야 할 문제가 너무 많기 때문에 대체 어떤 것을 사야 좋을지 판단하기 어려울 수도 있어요. 지구를 살리고, 동물과 사람에게도 도움이 되는 식품 선택 방법을 몇 가지 소개했어요.

- 유기농 제품을 사세요. 유기농은 환경에 더 좋은 농업 방법이에요. 과학자들은 유기농 식품이 사람의 건강에도 더 좋은지 알아보는 중이에요. 또, 유기농 고기에는 항생제가 들어 있지 않을 거예요.

- 가두지 않고 풀어서 기른 동물의 고기나 달걀을 사세요. 동물들이 신선한 공기를 마시고 자유롭게 돌아다니면서 자연적인 환경에서 자랐을 가능성이 높아요.

- 친환경 수산물 인증 마크가 붙은 생선을 찾아보세요. 환경을 더럽히지 않고 생산한 생선일 거예요.

- '돌고래 보호' 참치로 만든 제품을 사세요. 돌고래에게 피해를 덜 주는 그물로 낚은 참치들이에요.

- 식품을 생산하고 운반하는 과정에서 얼마나 많은 온실 가스를 배출했는지 알려 주는 표도 등장했어요. 제품에 그런 표가 붙어 있나 찾아보고 읽어 보세요.

- 차를 타고 멀리 가서 장을 보는 대신 집 근처에서 먹을거리를 사면 식품 운송 거리를 줄일 수 있어요.

- 공정 무역 표시가 붙은 커피, 차, 초콜릿, 바나나를 찾아보세요. 공정 무역이란 개발도상국의 농부나 노동자들에게 그들이 일한 만큼 정당한 값을 치렀다는 뜻이에요. 그리고 공정 무역을 하는 사람들은 보통 해로운 화학 물질들을 사용하지 않아요.

- 포장이 적게 된 제품을 사세요. 동네의 채소 가게나 정육점, 시장 같은 곳에서는 포장을 많이 하지 않지요. 어떤 슈퍼마켓에서는 반찬 같은 것을 일회용 용기에 일일이 포장해서 파는 대신 통에서 퍼서 간단하게 봉지에 담아 주기도 해요. 즉석식품의 가격 중 15퍼센트 정도는 포장에 들어간 돈이랍니다.

- 과자나 빵 등은 낱개로 포장된 제품을 사지 마세요. 대신 큰 포장으로 된 제품을 사서 필요한 만큼만 종이봉투에 담아 가져가고, 나머지는 밀폐 용기에 넣어 보관하세요.

- 음식을 낭비하지 마세요. 먹다 남은 음식은 냉장실이나 냉동실에 넣어 두었다가 다음에 먹어요.

위기에 처한 야생 동식물

생물학자들의 말에 따르면 지구에는 서로 다른 동식물 종류, 즉 종이 최소한 5백만 가지나 있어요. 3천만 종쯤 된다고 보는 사람도 있어요. 그런데 그중에서 최소한 1만 6000종 정도가 멸종할 위기에 처했어요. 멸종은 그 종의 개체가 하나도 남지 않고 모두 죽는다는 뜻이에요. 멸종은 때론 자연스럽게 벌어질 수도 있는 일이에요. 하지만 요즘은 대규모로 일어나는 데다 사람의 활동이 멸종의 주된 원인이어서 큰 문제로 여겨지고 있어요.

황금두꺼비는 2004년에 완전히 멸종했어요. 기후 변화와 환경 오염 때문인 것 같아요.

생물 다양성이 무엇인가요?

지구에 온갖 종류의 생명체가 풍부하게 존재하는 것을 생물 다양성이라고 해요. 인간이 다른 종들을 위기에 몰아넣을 권리는 없다고 생각하는 사람들이 많아요. 인간이 야생 동식물을 존중하지 않는다면 인간의 삶도 훨씬 나빠질 거예요. 우리 인간과 다른 모든 생물들은 그물처럼 서로 복잡하게 얽힌 관계를 이룬 채 살아가고 있어요. 그래서 아주 작은 생명체라도 커다란 생명체만큼 중요해요. 예를 들면 박테리아는 물속의 독성 화학 물질들을 분해해서 없애 주지요. 자연 속에서 시간을 보내는 것이 인간의 마음과 몸을 건강하게 하는 데 도움이 된다는 연구 결과도 있어요.

시골을 여행할 때는 길에서 함부로 벗어나지 말아야 해요. 야생 동식물에게 피해를 줄 수도 있으니까요.

동식물은 어떤 위협을 받고 있나요?

야생 동식물에게 가장 큰 위협이 되는 것은 인간이 그들의 집, 곧 서식지를 파괴하는 일이에요. 사람들이 농사를 짓거나 광산을 파거나 건물을 짓기 위해 땅을 개간할 때 서식지 파괴가 일어나요. 인도네시아의 수마트라토끼는 사람들이 숲을 없애고 그 땅에서 농사를 짓는 바람에 서식지를 잃어버릴 위기에 처했어요.

사람들은 때로 한 종류의 동식물이 죄다 사라질 때까지 사냥하거나 채집하곤 해요. 호랑이가 멸종 위기에 처하게 된 것도 어느 정도는 사람의 책임이 있답니다. 중국에서 약으로 쓰이는 호랑이의 신체 일부나 털을 노리고 불법으로 호랑이를 사냥하니까요.

때로는 원래 서식지에 살지 않던 새로운 종을 사람이 옮겨 놓는 바람에 옛날부터 살던 종들이 위기를 맞기도 해요. 새로운 종이 원래의 종과 먹이를 놓고 다투고, 그러다가 죽이기도 하기 때문이에요. 예를 들어 쥐, 고양이, 담비는 사람의 배에 타고 뉴질랜드로 건너갔지요. 그들이 땅에 둥지를 트는 카카포라는 새의 알을 먹어 치우는 바람에 지금 카카포는 멸종 직전이에요.

육지건 바다건 동식물의 서식지가 오염되는 것도 문제예요. 농약이나 유조선이 흘린 기름으로 더럽혀지고 있지요. 지구 온난화도 말썽거리이고요. 북극의 빙하가 녹아서 북극곰들의 사냥터가 점점 좁아져 북극곰들이 굶고 있거든요.

산호초는 왜 특별한가요?

산호초는 엄청나게 생물 다양성이 높은 곳이에요. 4분의 1이 넘는 바다 생물 종에게 살 곳을 제공하거든요. 산호는 따뜻한 열대 바다에서 사는데, 요즘은 지구 온난화 때문에 바닷물이 너무 뜨거워져서 많이 죽어 가고 있어요. 지나친 어업, 오염, 관광 산업도 산호를 못살게 굴지요.

쓰레기 경보

우리가 아무 데나 쓰레기를 버리면 동물들에게는 정말 위험해요. 동물들이 쓰레기를 먹을 것으로 착각하거나 쓰레기에 몸이 끼어 죽을 수도 있어요. 우리가 길에 버린 쓰레기는 하수구로 쓸려 가서 결국 바다에 가 닿아요.

해파리를 잘 먹는 거북들은 이따금 비닐봉지를 해파리로 착각해요. 하지만 비닐을 삼키면 죽게 되지요.

보호 운동이 도움이 되나요?

멸종 위기에 처한 동식물을 구하기 위한 보호 운동이 점점 더 많이, 그리고 성공적으로 이루어지고 있어요. 심지어 다시 개체 수가 늘기 시작한 멸종 위기 종도 있답니다.

모리셔스황조롱이는 옛날보다는 위험에서 벗어난 편이에요. 사람들이 이 새들의 둥지를 보호하는 운동을 벌였기 때문이지요.

어떻게 도울 수 있을까요?

- 동식물 보호 운동을 후원하세요. 동물 한 마리를 골라서 입양을 하는 식으로 특별히 후원하는 방법도 있어요. 그러면 여러분이 기부한 돈은 그 동물을 돌보는 데 쓰이게 돼요. 혹은 그 종의 모든 동물을 위해 쓰일 수도 있고요.

- 절대 쓰레기를 아무 데나 버리지 마세요. 생분해성 쓰레기라도요. 때로 사과 씨나 바나나 껍질 같은 것도 어떤 동물을 아프게 할 수 있어요.

- 정원을 찾아온 새에게 먹이를 주세요. 물론 새들에게 피해를 입히지 않는 방법을 찾는 게 중요하겠지요.

- 마당이 없다면 창가나 베란다에 식물을 키워서 나비 같은 곤충을 불러들일 수도 있어요.

- 야생화를 꺾지 마세요. 식물이 포기째 죽을지도 모르고, 씨를 맺지 못해요.

- 바다에서 조약돌이나 돌멩이를 주워 오지 마세요. 조약돌은 모래를 해변에 붙잡아 주는 일을 해요. 돌멩이 아래에 사는 생물이 있을지도 모르고요.

- 조가비나 그 밖의 바다 '기념품'을 사지 마세요. 산 채로 조개를 잡아다가 껍질만 남기고 동물은 없애 버린 물건일 거예요.

- 알루미늄 포일로 된 풍선이나 헬륨이 들어간 풍선을 사지 마세요. 알루미늄 포일은 생분해되지 않는 물질이고, 헬륨은 언젠가 동이 나 버릴 귀중한 기체예요. 대신 고무로 된 풍선을 사세요. 그리고 풍선을 하늘에 띄워 보내지 마세요. 생태계에서는 처치 곤란의 쓰레기니까요. 고무풍선도 썩는 데 몇 달이나 걸린답니다.

- 36~37쪽을 보면 생태계에 주는 피해를 줄일 수 있는 식품 선택 방법이 소개되어 있어요.

숲이 사라져요

전 세계에서 숲이 빠른 속도로 파괴되고 있어요. 1분마다 축구장 35개만 한 숲이 사라지고 있지요. 사람들이 농사지을 땅을 얻으려고 일부러 숲에 불을 지르는 경우가 많아요. 건물을 짓거나 가구를 만드는 데 쓰려고 나무를 베는 경우도 있고요.

왜 숲을 지켜야 하나요?

숲은 이산화탄소를 저장하는 능력이 있기 때문에, 숲을 탄소 흡수원이라고 부르는 사람도 있어요. 거꾸로 나무를 태우면 이산화탄소가 공기로 배출되지요. 오늘날 인간이 내놓는 이산화탄소 중 5분의 1 정도가 숲을 태울 때 나오는 것이에요.

집에 마당이 있다면 나무를 심으세요. 나무는 이산화탄소를 흡수하여 저장해 주고, 새나 다른 야생 동물들의 쉼터가 된답니다.

우림같이 자연적으로 이루어진 천연림은 생물 다양성이 엄청난 공간이에요. 그 숲을 파괴하면 많은 동식물이 멸종 위기에 처하겠지요.

우리 집을 지키자!

오스트레일리아의 우림이 조금씩 파괴되기 시작하면서 점박이주머니고양이는 위기를 맞았어요.

숲의 식물들은 우리에게 쓸모가 많아요. 과일이나 씨앗 같은 먹을거리를 제공하고, 약품의 재료가 되기도 해요. 나무는 뿌리로 흙을 단단히 움켜쥐어서 홍수를 막아 주지요.

종이는 어쩌지요?

종이는 보통 인공림의 나무로 만들어요. 인공림은 나무를 벤 만큼 새로 심어 보충하는 숲을 말해요. 하지만 그런 인공림은 천연림보다 생물 다양성이 부족해요.
그리고 우리는 종이를 너무 낭비하고 있어요. 유럽과 미국 사람들은 음식 쓰레기보다 종이 쓰레기를 더 많이 내놓을 정도니까요. 종이 사용량을 줄이고 반드시 재활용해야 해요.

재생지를 1톤 생산하면
물을 3만 리터 아낄 수 있어요.

우리가 할 수 있는 일이 있나요?

- 종이를 재활용해요.

- 글을 쓰거나 인쇄를 하거나 복사를 할 때 종이의 양면을 다 써요.

- 봉투를 여러 번 써요. 주소가 적힌 곳에 스티커를 붙여서 쓰면 돼요.

- 문구, 화장지, 키친타월, 애완동물용 깔개 등은 재활용된 제품을 사세요.

- 오래된 카드로 작은 카드를 만들어 선물할 때 쓰세요.

- 흘린 음식을 치울 때는 키친타월이나 화장지 대신 천으로 된 행주를 쓰세요. 빨아서 여러 번 쓸 수 있는 것으로요.

- 식구들끼리 메모를 주고받을 때는 메모지 대신 칠판을 사용하세요.

지구 위의 발자국

과학자들은 대부분 지구가 맞닥뜨린 여러 문제 가운데 기후 변화가 가장 심각하다고 생각해요. 그래서 온실 가스를 줄이는 일은 우리의 가장 중요한 숙제이지요. 가정에서 나오는 온실 가스의 양도 만만치 않아요. 영국의 경우에는 전체 배출량의 4분의 1 이상이 가정에서 나와요. 곧 모든 사람들이 각자의 탄소 발자국에 대해 고민해야 하는 날이 올 거예요.

탄소 발자국이 무엇인가요?

한 사람, 한 회사, 한 나라가 방출하는 이산화탄소 같은 온실 가스의 총량을 탄소 발자국이라고 해요. 우리 가족의 발자국이 얼마나 큰지 계산해 보는 인터넷 사이트도 있답니다. 집에서 에너지를 얼마나 쓰는지, 어떤 교통수단을 이용하는지, 어떤 음식을 먹는지 다 고려해서 계산하는 거예요.

누구의 발자국이 가장 클까요?

대강 계산해 볼 때, 전 세계 온실 가스의 4분의 3 정도를 전 세계 인구의 4분의 1이 배출하고 있어요. 부유한 나라 사람들이 거의 다 내놓는 거지요. 그래서 이산화탄소 배출량을 줄이는 일에는 부유한 나라들이 앞장서야 해요. 개발도상국 사람들도 선진국 사람들이 오래전부터 누려 온 편리한 생활 방식을 즐기고 싶을 거예요. 그러니까 선진국들이 자기들부터 나서서 온실 가스를 줄이지 않고 개발도상국 사람들더러 줄이라고 하는 건 얌체 같은 일이랍니다.

미국 ← 파키스탄 ← **1인당 탄소 발자국**

발자국을 작게 만들어요

사람들에게 각자 알아서 에너지를 아끼라고 하는 것만으로는 충분하지 않아요. 그래서 미래에는 정부가 모든 국민들에게 저마다 방출해도 되는 탄소량을 정해 줄지도 몰라요. 내가 내 탄소량을 다 쓰지 않을 거라면 다른 사람에게 얼마쯤 팔 수도 있겠지요. 한편 비행기를 타고 장거리 여행을 하고 싶다면 온실 가스를 아주 많이 내뿜게 될 테니까, 돈을 내고 탄소량을 더 사야 할 거예요.

이미 자신이 방출한 온실 가스만큼 돈을 내서 재생 가능 에너지 개발이나 우림 보호 같은 친환경 사업에 기부하는 사람이나 회사도 있어요. 이런 행동을 '탄소 상쇄'라고 해요. 아무 일도 하지 않는 것보다는 이런 활동을 하는 게 낫겠지요. 그렇지만 진정한 해결책은 애초에 배출량을 줄이는 것이라는 점을 잊으면 안 돼요.

한 사람이 탄소 상쇄 프로그램에 참여하면 개발도상국에 효율이 좋은 난로 하나를 제공할 수 있어요.

새로운 난로는 나무를 적게 때도 되고, 건강에 나쁜 연기도 적게 나와요.

과학이 문제를 해결할까요?

과학자들은 이산화탄소를 잡아서 저장하는 방법을 개발하고 있어요. 이산화탄소가 공기 중으로 나가 피해를 주는 것을 막으려는 거지요. 이산화탄소를 바위 속이나 바다의 바닥 깊숙이 집어넣어 가둘 수도 있어요. 하지만 이런 방법은 돈이 많이 드는 데다가, 나중에 새지 않도록 아주 단단히 처리해야만 해요.

그러므로 비록 이런 새로운 가능성들이 있다고 해도, 처음부터 탄소를 내놓는 연료를 적게 쓰고, 대신 친환경적이고 재생 가능한 연료를 찾아 쓰는 일이 무엇보다 중요해요.

친환경적 생활

여러분이 친환경적인 생활을 해 보면 어떨까요? 이미 지속 가능한 생활을 실천하는 사람들이 많아요. 특별히 설계된 친환경 주택에 사는 사람들도 있지요. 덕분에 삶의 질이 좋아졌다고 믿는 사람들도 있답니다. 아래에 친환경적으로 생활하는 방법을 몇 가지 소개했어요.

탄소 중립 생활을 하도록 노력해요. 이산화탄소를 전혀 내지 않거나 아주 조금만 내는 생활을 한다는 뜻이에요. 내 집에서 직접 재생 가능 에너지를 생산하고, 부족한 부분은 친환경 에너지 공급자에게서 사서 써요.

에너지 효율이 높은 전자 제품을 쓰고 에너지 절약형 전구를 써요.

태양열을 모으는 판이나 광전지를 지붕에 설치해서 온수나 전기를 만들어요.

집은 지역에서 구할 수 있는 천연 재료로 지어요. 지속 가능한 방식으로 생산한 목재나 재활용 재료를 쓰는 거지요.

지붕에서 떨어지는 빗물을 모았다가 세탁기, 변기, 정원에 써요.

소변을 본 뒤에는 물을 적게 흘리고 대변을 본 뒤에는 많이 흘리는 이중 물 내림 변기를 써요.

차가 필요할 때는 렌터카를 빌려서 써요.

직접 채소를 길러 먹어요.

'걸어가는 학교 버스' 제도가 있다면 이용해 보세요. 집 근처에 데리러 온 선생님을 따라서 학생들이 다 함께 걸어서 등교하는 제도예요.

작은 성공들

지구에 대한 소식이 하나같이 좋지 못한 것들이라 안타깝지요? 하지만 좋아지는 부분들도 있답니다. 읽어 보면 힘을 낼 수 있을 거예요.

- 야생 동식물 보호지 같은 특별 보호 지역이 지구 면적의 10퍼센트를 차지하게 되었어요. 환경 운동가들의 노력이 이루어 낸 대단한 결실이지요.

- 야생 동식물이 깨끗해진 물로 돌아오고 있어요. 영국의 도브 강은 너무 더러워서 연어가 살 수 없을 지경이었는데, 이제 다시 깨끗해져서 연어가 돌아왔어요.

- 선진국들은 대부분 대기 오염 관리법을 만들었어요.

- 몇몇 대도시에서는 곳곳에 차 없는 거리를 만들었어요. 또는 자동차를 가지고 가려면 돈을 내야 하는 혼잡 통행료 지역을 운영하고 있지요.

- 재활용 비율이 높아지고 있어요. 오스트리아와 네덜란드에서는 쓰레기의 60퍼센트 이상을 재활용하고 있어요.

- 사람들은 일회용 비닐봉지가 환경에 해롭다는 사실을 잘 알게 되었어요. 가게에서 공짜로 비닐봉지를 나눠 주는 걸 금지하는 나라도 있어요. 돈을 주고 사야 하거나 아예 쓸 수 없게 된 것이지요.

- 윤리적 은행 계좌라는 것도 생겼어요. 여러분이 여기에 돈을 맡기면 은행은 사람이나 지구에 피해를 주지 않는 방법으로만 여러분의 돈을 투자하겠다고 약속하는 거예요.

- 환경 운동이 성과를 내고 있어요. '고래 살리기' 운동 덕분에 대부분의 나라에서 고래잡이가 법으로 금지되었지요. 여러 나라의 정부가 드디어 기후 변화 문제를 해결하려고 팔을 걷고 나섰는데, 이것도 환경 운동가들의 노력 덕분이에요.

전 세계 사람들이 선진국 사람들처럼 산다면 어떨까요? 물, 석유, 나무 같은 자원을 대느라 지구가 최소한 세 개는 필요할 거예요. 그러나 지구는 세 개가 아니라 단 하나뿐이에요. 우리가 더 현명하게 지구를 보살핀다면, 하나의 지구로도 모두가 잘살 수 있을 거예요.

용어 설명

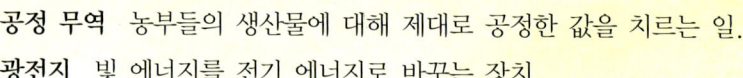

개발도상국 보통 농사를 짓는 주민이 많고, 기술이 그다지 발전하지 않았으며, 소득이 낮은 나라.

공정 무역 농부들의 생산물에 대해 제대로 공정한 값을 치르는 일.

광전지 빛 에너지를 전기 에너지로 바꾸는 장치.

기후 어떤 지역의 독특한 날씨 조건들.

남획 짐승이나 물고기 따위를 마구 잡는 일.

댐 강이나 바닷물을 막아 두기 위하여 쌓은 둑.

멸종 생물의 한 종류가 하나도 남지 않고 모두 죽어 버리는 일.

방사능 라듐, 우라늄, 토륨 따위 원소의 원자핵이 붕괴하면서 방사선을 방출하는 일. 또는 그런 성질.

사막화 예전에는 사막이 아니었던 지역이 사막이 되어 가는 일.

산성비 산성 물질을 많이 포함하는 비. 육지와 물을 산성화하고 토양을 변질시키며, 삼림을 말라 죽게 하는 등 생태계에 나쁜 영향을 준다.

산업 혁명 18세기 후반부터 약 100년 동안 유럽에서 일어난 생산 기술과 그에 따른 사회 조직의 큰 변화. 영국에서 일어난 방적 기계의 개량을 시작으로 유럽 여러 나라에서 계속 일어났다.

생분해성 물질이 미생물에 의하여 분해되는 성질.

생태계 비슷한 기후를 보이는 넓은 지역, 그리고 그 지역 안의 모든 생명체를 가리키는 말.

생태 발자국 한 사람, 가족, 회사, 나라가 환경에 얼마나 피해를 주는지 계산한 양. 그들이 쓰는 모든 자원, 곧 식량, 에너지, 옷, 교통수단 등을 공급하고, 그들이 내놓는 쓰레기를 흡수하는 데에 얼마만큼 넓은 땅과 바다가 필요한지 계산해 본 것이다.

생태적 가능한 한 환경에 피해를 덜 주는 방식, 또는 오히려 환경에 도움을 주는 방식.

서식지 동물이 깃들여 사는 곳.

스모그 자동차의 배기가스나 공장에서 내뿜는 연기가 안개와 같이 된 상태. 안개와는 상관없이 대기 오염의 심한 상태를 이르기도 한다.

식품 운송 거리 식품이 생산된 장소에서 우리 식탁 위에 올라올 때까지 이동한 거리.

쓰레기 매립지 쓰레기를 땅에 파묻어서 처리하는 곳.

연료 태워서 열이나 힘을 얻을 수 있는 물질.

오염 해로운 쓰레기나 먼지가 미처 사라질 겨를도 없이 빠르게 환경에 쌓이는 일.

오존 지구를 둘러싸서 자외선으로부터 우리를 보호해 주는 기체. 땅에서는 자동차의 배기가스가 햇빛을 받을 때 오존이 생겨나는데, 이것은 사람들의 건강에 좋지 않다.

지구 온난화 지구의 평균 온도가 점차 높아지는 일.

지속 가능성 미래 세대에게 피해가 가지 않을 범위에서만 지구의 자원을 사용하는 방식.

친환경적 가능한 한 환경에 피해를 덜 주는 방식, 또는 오히려 환경에 도움을 주는 방식.

화석 연료 지질 시대에 생물이 땅속에 묻혀 화석같이 굳어져 오늘날 연료로 이용하는 물질. 석탄, 석유가 여기에 속한다.

환경 우리를 둘러싼 주변을 가리키는 말. 풍경, 공기, 생물들을 모두 포함한다.

찾아보기

가스 6~8, 10, 14
거북 35, 40
공정 무역 37, 48
광전지 12, 46, 48
기차 21
기후 변화 9, 11, 14, 38, 44, 47
나무 13, 19, 34, 42~43, 45, 47
난방 8, 12, 15
날씨 6
농사 5, 13, 28, 35, 39, 42
대기 오염 7, 18~20, 47
돌고래 35, 37
동물 10, 13, 23, 26, 28, 36, 40~41
매립지 22~23, 26~28
메탄 10, 13, 22
물고기 35, 37
바이오 연료 9, 13
발전소 6, 8~9, 13, 19
배 21
북극곰 39
비닐봉지 24, 40, 47
비료 27, 34~35

비행기 5, 8, 19~21, 36, 45
빙하 11, 39
산성비 19, 48
산호초 40
산화질소 19
살충제 33~35
생물 다양성 38, 40, 42~43
생분해성 쓰레기 26~27, 41
서식지 39, 49
석유 6~8, 47
석탄 6~8
소각장 23, 26
수력 에너지 13
스모그 19, 49
식물 7, 19, 27, 31, 33, 35, 41~42
식품 운송 거리 36, 37, 49
쓰레기 6, 23, 28, 29, 40, 41
아산화질소 10
야생 동식물 29, 34, 38~39, 47
에너지 6, 8~9, 12~17, 21, 25, 44~46
오존 18, 49

온실 가스 10~12, 14, 18, 36~37, 44~45
우림 42, 45
유기농 35~36
유전자 조작(GM) 35
이산화탄소 9~10, 20, 42, 44~46
자동차 8~9, 19~21, 47
자전거 20~21
잔류성 유기 화합물(POC) 32
재생 가능 에너지 12, 45~46
재활용 24~27, 43, 46~47
전기 8~9, 12~15, 36, 46
전지 13, 22
전차 20
종이 17, 25~27, 29, 33, 43
죽음의 해역 28
지구 온난화 10~11, 13, 22, 30, 39~40, 49
지속 가능성 7, 49
천식 7
탄소 42, 44~46
태양 에너지 12~13

퇴비 27
포장 37
풍력 에너지 12
풍선 41
프레온 18
플라스틱 20, 22, 24, 26, 29~30, 32, 33
핵 발전소 9
호랑이 39
화석 연료 8~10, 12, 19
휘발성 유기 화합물(VOC) 33
휘발유 8, 13